GW01216729

Dorothea Flechsig - Nachtbad / Night Swim

Dorothea Flechsig

Nachtbad
Night Swim

mit farbigen Abbildungen von
Coloured Illustrations by
Uta Munzinger

Englische Übersetzung von
English translation by
Erica Stenfalt

PalmArtPress
Berlin

Bibliografische Information der Deutschen Nationalbibliothek:
Die Deutsche Nationalbibliothek
verzeichnet diese Publikation in der Deutschen Nationalbibliografie;
detaillierte bibliografische Daten
sind im Internet über
http://www.d-nb.de abrufbar.

ISBN: 978-3-941524-72-9

Erste Auflage, März 2016
Alle Rechte vorbehalten
© 2016 Dorothea Flechsig

© PalmArtPress
Pfalzburger Str. 69, 10719 Berlin
www.palmartpress.com

Herausgeberin: Catharine J. Nicely

Hergestellt in Deutschland

ISBN: 978-3-941524-72-9

First Edition, März 2016
All rights reserved
© 2016 Dorothea Flechsig

© PalmArtPress
Pfalzburger Str. 69, 10719 Berlin
www.palmartpress.com

Editor: Catharine J. Nicely

Printed in Germany

Für alle, bei denen Nachts der Wind anklopft

For all those who hear the wind calling at night

Inhalt / Content

Aus der Tiefe

Alt ist der See
Jahrtausende tief
Gärt der Morast
Bettet auf
Zum endlosen Schlaf
Zieht am tiefen Grunde
Den letzten Vorhang zu
Nimmt Abschied vom Licht
Verdunkelt die Sinne

Schwer sinkt das Erlebte
Losgelöst hinab
Unter kühlen Wellen
Dämmert die Erinnerung
Im gärenden Laub

Eine Blase steigt
Nach oben
Der Sonne entgegen
Es ist wieder da
Das seltsame Gefühl

From the Depths

By the ancient lake
Millennia deep
Sloping sleepily, the swamp
Beds down
Ready for its eternal slumber
Into the watery depths
Draws the final curtain
Bids the light adieu
Darkens the senses

Experience sinks like a stone
Detached deep down
Everything is concealed beneath cool waves
Memory dawns
In the fermenting foliage

A bubble rises
Upwards
Towards the sun
There it is again
That strange feeling

Wellenhymne

Unterm kornblumblauen Himmel
Der Wal eine Weile
Schwieg und reglos in den Wellen trieb
Besinnlich
Bündelte er alle Begierde
Leichtfüßig lüftete er die große Flosse
Sprang hinauf ins Blau
Flog für Sekunden und schwamm
In durchsichtiger Puste
Mächtiger wuchs sein Atem
Er verschlang mengenmassen Luftzüge
Nahm alles für eine lange Weile
Mit in des Wassers Stille
Bis er fröhlich
Aufwärts blubbern lies
Das kornblumblaue Himmelsblau

Hymn to the Waves

Cornflower blue the skies
Beneath them silently the whale drifts
Dreamily
Without a stir in the ocean's waves
Overwhelmed by longing
Heaves one great fin
Towards the blue sky
Soars gracefully for moments
Through gauzy haze
Devouring great gulps of air
Now in the silent depths
He lingers
Savouring
Until at last he spouts
Into the blue, blue skies
Cornflower blue bubbles of joy

Bitterkalt

Zwischen Eis und Schnee
Im Gletschersee
Sah ich ein Geschöpf nackt baden
Es fletschte mir die scharfen Zähne
Lachte auf, als es mich vor Kälte zittern sah
„Das ist die Wirklichkeit", zischte es,
„die bitterkalt ist!"

Bitterly Cold

Once in a glacial lake
Flanked by ice and snow
I saw a strange creature swimming in the nude
Fangs bared, he laughed at me
When he saw me shiver,
Hissing through sharp teeth he snarled
"It's reality that's truly bitter!"

Nachtbad

Der Wind streicht übers Feld
Die Gräser wippen leise

Er kommt ans Haus
Klopft an – ich öffne ihm

Als erste Tropfen fallen
Schleich ich mich hinaus

Ich gehe zu ihm

Haarspitzen kitzeln meine Wangen
Regen kühlt die geröteten Schultern

Er streichelt mein Haar
Singt leise in mein Ohr

Barfuß laufe ich zum Waldrand
Durchs hohe Gras

Am See hat das Augenlicht
Über die Dunkelheit gesiegt

Nur der Wind und ich

Der See atmet auf
Vernascht durstig die Tropfen

Ich bade

Mit jedem Atemzug
Werde ich leichter

Wasser

Die Sterne über mir
Sie tuscheln alte Geschichten

Millionen Tropfen umhüllen kühl
Die brennende Haut

Und tragen sie wellenartig davon

Jede Last
Jede Not
Jede Sorge

Night Swim

The wind brushes across the field
Grass sways softly

He approaches the house
Knocks – I welcome him

Creeping out
As the first drops fall

I join him

The tickle of soft hair on my cheek
Rain cools my reddened shoulders

He strokes my hair
Sings softly in my ear

Through tall grass, barefoot
I go to the woods

By the lake, bright eyes
Pierce the darkness

Alone, the wind and I

The lake sighs
Thirstily devouring the raindrops

I slide into the water

With each breath
Lighter I become

Water

The stars above
Whispering tales of old

Millions of cool droplets caress
My burning skin

Rippling away

My troubles
My cares
My distress

Schneckensex

Die Feinfühligen stoßen an
Zartes Gespür im Regenduft
Nur so ein Fußspitzengefühl

Stielaugen
Sacht abtastend
Lippen berührend
Stundenlanges Liebesspiel
Von Kopf bis Fuß
Weiches Gefühl

Fuß an Fuß
Bauch an Bauch
Bis die Häuser schwanken
Und der Liebespfeil trifft

Bodenhaftend schiebt der fliehende Bauch davon
Durchs nasse Gras
Gradlinig zieht der Kopf voran

Die Feinfühlingen stoßen an
Rückzug ins Innere
Deckel zu
Von Kopf bis Fuß
Weiches Gefühl

Snail Sex

Tentacles touch
A tender inkling in the rain-scented air
Just a feeling in the tiptoes

Eyes on stalks
Gently probing
Lips touching
Making love for hours on end
From head to toe
Feels so soft

Foot to foot
Belly to belly
Until their shells shake
And the love dart hits its mark

Sliding stickily, one belly flees
Through wet grass
Head extended, taking the lead

Tentacles touch
Retreat within
Lid closed
From head to toe
Feels so soft

Aggression ohne Grund

Blut voll Wut
DNA kräuselt Haar
Synapsen japsen
Herz schlägt 13
Fäuste jucken
Muskeln zucken
Hirn bietet Stirn
Kehle ohne Seele
Mund schwarzer Schlund
Schlag auf Schlag
Schweiß brennt heiß
Zahn um Zahn
Schwillt der Wahn
Fäuste jucken
Mäuler spucken
Ohne Grund

Aggression without Reason

Blood boils
Hair frizzing
Synapses fizzing
Heart jumps out of its cage
Fists itching
Muscles twitching
Brain flies into a rage
Soulless ranting
Spleen venting
Spiralling out of control
Sweat burns hot
Blood runs cold
The madness takes hold
Fists twitching
Mouths spitting
For no reason at all!

Für dich

Für dich tauch ich ins Blau
Hülle dich ein
Und trage dich
Ans Meer
Setz dich in den Sand
Wir winken der Sonne
Zerfließen ins Rot
Mischen unsere Farben
Strahlen neu

For You

For you I will dive into the blue
I'll wrap you up
And carry you
To the sea
I'll sit you in the sand
We'll wave at the sun
Dissolving to red
Mingling our colours
And glowing anew

Gute Freundin

Wir freuen uns aufeinander
Und füreinander
Wir stärken uns
Schweigen, wenn es sein muss
Sprechen uns Mut zu
Blödeln miteinander
Träumen nebeneinander
Lachen uns schlapp
Trösten einander
Sagen uns die Meinung
Sprechen ohne Worte
Wir reisen zusammen
Wir hocken herum
Offenbaren Sorgen
Kochen miteinander
Suchen nach neuen Wegen
Respektieren Entscheidungen
Liegen im Gras
Machen einander schön
Feiern gemeinsam
Trauern miteinander
Teilen Geheimnisse
Sind aufeinander neugierig
Kennen uns gut
Wir vertrauen einander
Bewahren unsere Freundschaft

Die Tür steht immer offen

Good Friend

We're happy to see each other
And happy for each other
We support one another
Sit in silence when no words are needed
Encourage each other
Fool around together
Share our dreams
Laugh until we cry
Comfort each other
Speak our minds
Speak without words
Travel together
Hang out together
Confide in each other
Cook together
Explore new ideas
Respect each other's decisions
Lie in the grass
Make each other beautiful
Celebrate together
Mourn together
Share our secrets
Are curious about each other
Know each other well
Trust one another
Cherish our friendship

The door is always open

Luftikus

Ich schwöre nicht
Verspreche nichts
Halt auch kein Wort
Jetzt bin ich bei dir
Morgen fort

Schenk dir meinen Kuss
Werf meinen Anker in die Luft
Ziehe wohin die Lust mich ruft
Gehöre niemand
Nichts gehört mir
Heute verweile ich mit dir

Wenn ich geh,
Andere Reize seh
Versink im neuen Schoß voll Honigduft
Schimpf nicht: Du Schuft!
Gegenwart ist morgen schon Vergangenheit
Gram ist unnütz Leid, verloren Zeit
Hab dich nie belogen
Und so auch nicht betrogen
Ich sage dir:

Lieber einen Luftikus
Als überhaupt keinen Kuss!

Rolling Stone

No commitments
No promises
I won't keep my word
I'm with you right now
Tomorrow I'll be gone

I'll give you a kiss
Cast my anchor into the air
Pursuing pleasure elsewhere
I belong to no-one
And nothing belongs to me
Today I'll stay with you awhile

When I go
Lured by another's charms
And sink into new honey-scented arms
Don't complain. You rascal
Today will soon be yesterday
Grief is pointless suffering, a waste of time
I never lied to you
So I never deceived you
I'm telling you:

Better a kiss from a rolling stone
Than no kiss at all!

Die Nacht lacht

Die Nacht lacht
Versteckt ihr Geheimnis
Samtene Sterne strahlen
Hinter den Wolken schwebt
Müde der mystische Mond
Liebestaumelnd
Tanzen zwei Himmelskörper
Um den stillen Planet
Bis in aller Früh
Das Sternenlicht erlischt

Night's Delight

The night chuckles with delight
She's hiding a secret
Silken stars sparkle
Behind the clouds
The mystical moon drifts drowsily
In amorous rapture
Two heavenly bodies dance deliriously
Around the silent planet
Until dawn lights up the sky
As the stars flicker and die

Auf und davon

Frau Phantasie hat ihre Koffer gepackt
Ihr reicht's!
Herrn Kreativ nimmt sie mit

Der Dichter kommt zu spät
Und macht ein langes Gesicht
Der Zug ist abgefahren
Er sieht die Beiden winkend am Fenster

Wütend zerreißt er weißes, leeres Papier
Jetzt fällt ihm nichts mehr ein

Der Arme

Frau Phantasie und Herr Kreativ
Sitzen am Ligurischen Meer
Erzählen sich Wunderbares
Im Mondeslicht

Long Gone

Mrs. Imagination has packed her bags
She's had as much as she can take!
Mr. Creativity has taken off too

With a sinking heart
The poet sees their train depart
Gloomily he can only look on
As they both wave goodbye

In a furious rage,
He tears up an empty white page
All inspiration gone

Poor guy

Meanwhile the errant muses
Relax by the moonlit Ligurian sea
Spinning the most fantastic tales
On their flight of fantasy

Kinderkummer

Eine Landschaft aus zerwühltem Haar
Von der Nasenspitze
Tropfen Flüsse aus Tränen
Eine kleine Faust aus Stein
Unsäglicher Kummer in die Erde fließt
Brennendes Feuer im Herzen
Wogen aus Fleisch und Blut bebend zittern
Kaum Luft in die zugeschnürte Kehle dringt
Schluchzen, strampelnde Beine, wütende Schreie

Birkenblätter sanft verspielt
Über dem Körper sich wiegen
Grashalme im Gesicht kitzeln
Der Wind zärtlich streichelt
Freche Fliege um kleine Ohren brummt
Die Amsel singt ihr fröhliches Lied

Wärmende Brüste der Mutter
Schützende Arme
Vertraute Stimme

Aller Kummer ist vergessen

The Sorrow of Children

A landscape of straggly hair
Runny noses
Streaming with tears
A little fist of stone
Unspeakable sorrow seeps into the earth
Hearts ablaze
Quivering waves of flesh and blood
Choking and gasping for air
Sobbing, kicking, shouting

Birch leaves gently sway,
A dancing canopy
Faces tickled by blades of grass
The tender caress of the breeze
Cheeky flies buzzing around little ears
A blackbird sings its joyful song

Comforted by mother's cradling bosom
Sheltering arms
Soothing voice

All sorrow forgotten

Wintertraum

Freie Flocken fallen himmelweit
Samt Friede aufs Eis
Bedecken dünnhäutige Wellen
Der uralte Festtraum lächelt
Versteckt geschickt noch einen blassen Stern
Hinter wunschvollem Sonnenlicht
Der König schöpft ohne Unterlass
Unzählige strahlende Kronen
Für jeden und alle
Träumer der Welt

Winter Dream

Frozen flakes float down from a vast sky
As peace descends on the ice
Frosting thin-skinned waves
The age-old festive dream smiles
One faint star glimmers secretly
In benevolent sunlight
As the King tirelessly creates
Countless gleaming crowns
For each and every
Dreamer of the world

Krieg

Der Junge schießt mit dem Holzgewehr
Er hat seinen Bruder getroffen
Die schöne Schwester sitzt hinterm Vorhang
Kein Fremder soll sie sehen
Das Jaulen des Feindes in der Luft
Leises Weinen des Freundes nebenan

Der Sohn träumt vom gedeckten Tisch
Das Mädchen von einem Spaziergang
Der Vater will seine alte Frau zurück
So wie sie früher einmal war

Es lauert die Angst
In jedem Versteck

Unbekannten gehört die Stadt
Sie regieren das Land
Jede Gasse, jeden Winkel
Sogar der Nachbar ist fremd
Eine Frau steht mittendrin
Weiß nicht mehr wohin
Ihr Blick sucht nach blauem Himmel

Hinter jedem Busch
Lauert die Angst

Über jedem Versteck
Über Dörfern und Städten
Über Flüssen und Seen
Über Wüsten und Gebirgen
Breitet der graue Himmel
Unendlich weit seine Flügel aus

Wann kommt die Zeit der Ruhe zurück?

War

A boy with a wooden rifle
Shooting at his brother
His beautiful sister hidden behind a veil
Away from the eyes of the world
The howl of the enemy in the air
The sobs of a friend unheard

The son dreams of a table laden with food
The girl dreams of taking a stroll
The father wants his old wife back
The way she was before

Fear lurks
In every hideout

The town belongs to strangers
The country is in their grip
Every street, every corner
Unfamiliar faces staring back
A woman stands amongst it all
Unsure where to turn
She turns her gaze towards the sky,
Desperately searching for blue

Behind every bush
Lurks fear

Over every hideout
Over villages and towns
Over rivers and lakes
Over deserts and mountains
The grey sky spreads
Its never-ending wings

When will the time of peace return?

Sand am Strand

Ruhige See im Sonnenlicht
Wasserwellen samten weich
Umspielen nackte Steine

Das schäumende Meer stets aufs Neu
Auf schroffe Felsen trifft
Blau perlt ab und zieht sich zurück
Ins große Weite

Immer wieder
Spülen Massen Tropfen an
Im Rhythmus der Zeit
Herzschlag des Meeres

Ans raue Ufer
Welle um Welle
Woge um Woge
Unentwegt
Bewegt

Auf kantigen Steinen
Rinnsal kleiner Tropfen
Fließen hinab
Ins große Weite

Stein für Stein
Wird weich
Löst sich von der schroffen Wand
Rollt in den Wogen hin und her
Wird mit der Zeit
Zu feinem Sand
Sand am Strand

Sand on the Seashore

Calm ocean in the sunlight
Velvet smooth waves
Caress bare stones

The foaming sea smashes tirelessly
against rugged cliffs
Blue beads trickle back out
Into the eternal expanse

Myriad water droplets
Churning endlessly
To the rhythm of time
The throbbing heartbeat of the sea

Against the jagged shoreline
Wave after wave
Swell after swell
Never-ending
Unrelenting

Over sharp stones
Rivulets of tiny drops
Trickle down
Into the eternal expanse

One by one
Stones become soft
Crumbling away from the rugged rock face
Tumbling in the waves forevermore
And finally reborn
As fine sand
On the seashore

Solo

Ich tanz für mich allein
Brauche niemand
Der mich führt
Teil mir keine Schritte ein
Nicht einmal den Raum
Er ist offen

Kann mich bewegen
Wohin ich will
So, wie es mir gefällt

Nur auf den Rhythmus muss ich achten
Die Musik klingt manchmal einsam
Ich tanze solo

Solo

I dance alone
I don't need anyone
to lead
Don't cramp my style
Don't tread on my toes
I need space

I can move
Wherever I want
However I like

So I focus on the rhythm
Though the music sometimes sounds so lonely
I dance solo

Fahrt ins Blaue

Du segelst
Sehnsucht treibt dein Schiff
Zwischen Sonn- und Mondschein voran
Mitten aufs Meer
Verlangen lenkt dein Boot
Allein mit dem Wind im Lot
Der Ruf des Herzens stürmt weit hinaus
Aufs tosende Meer
Du folgst deiner inneren Kraft
Suchst nach Klarheit
Die Vernunft
Allein nicht schafft
Deinen Weg leuchten Sonn und Sterne
Hoch oben vom Himmelzelt
Du trägst sie in dir
Die vollkommene Welt

Into the Blue

You are sailing
Desire propels your ship
driving you on by sun and moon
All at sea
Yearning steers your boat
Alone with the wind, fighting to stay afloat
Your heart is tugged by a distant call,
Far ahead on the raging sea
You follow your inner strength
Seeking clarity
Ploughing through waves of reason,
You navigate by sun and stars
The celestial chart
And map in your heart
And when the journey is at an end
You reach the water's edge
The long-desired shore
And the home to your happiness

A Million White Stars Cover the Ground

Every single one like
Longing lips, never kissed
And
Apologies, sorely missed

Every single one grows for
Beloved friends lost too early
And
Lies spoken, uttered clearly

Every single one a scented smell for
Dreams we never dared to live
And
Help we never deigned to give.

Every single one blossoms for
Words left unspoken
And
Forlorn hope, hearts broken

Every single one shines for
So many people with all their faults
Every single one
Worthy of love

A million white stars cover the ground

Original written only in English by Dorothea Flechsig

Tanz in den Mai

Wehende Wäsche
Fliederduft
Zankende Spatzen
Groß das eigene Kind
Grün strotzt das Gras
Allein ruht sie
Die man vergaß
Umrankt von sich verneigenden Narzissen

Menschen zogen vorüber
Ihr Hunger ist gestillt
Graue Taube taucht Gefieder
Ins kleine Nass
Silberhaar im Sonnenschein
Nur mit sich für sich allein

Ein tiefer Luftzug
Kraftvoll steht sie auf
Vernarbt die Wunde
Leichten Schrittes
Wie ein junges Ding so frei
Tanzt sie übers Gras

Willkommen Mai

Dancing into May

Washing waving
Lilac scent wafting
Sparrows squabbling
Child all grown up
Grass lush and green
Alone, the mature woman rests
Forgotten
Surrounded by nodding daffodils

People have passed by
Their hunger sated
A grey dove dips its feathers
In a puddle of water
Silver hair in the sunshine
Completely alone

Deep breath
Full of vigour, she stands up
The wound scarred over
And skipping lightly
Like a young girl so free
She dances over the grass

Welcome May

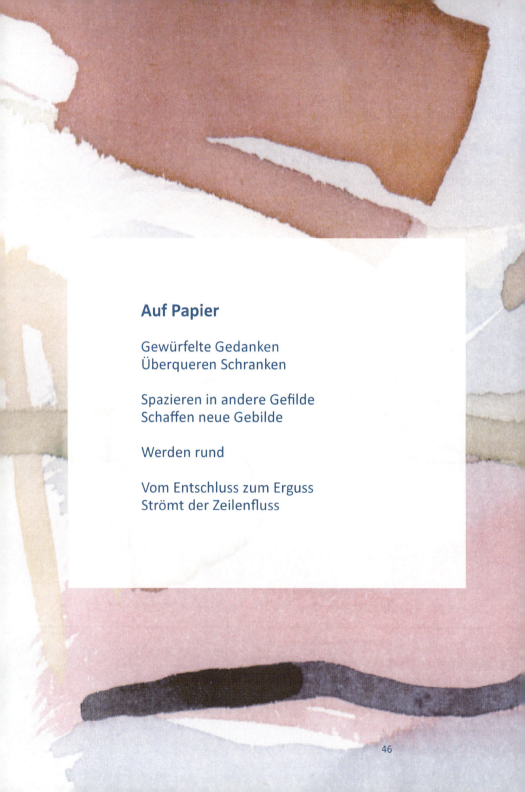

Auf Papier

Gewürfelte Gedanken
Überqueren Schranken

Spazieren in andere Gefilde
Schaffen neue Gebilde

Werden rund

Vom Entschluss zum Erguss
Strömt der Zeilenfluss

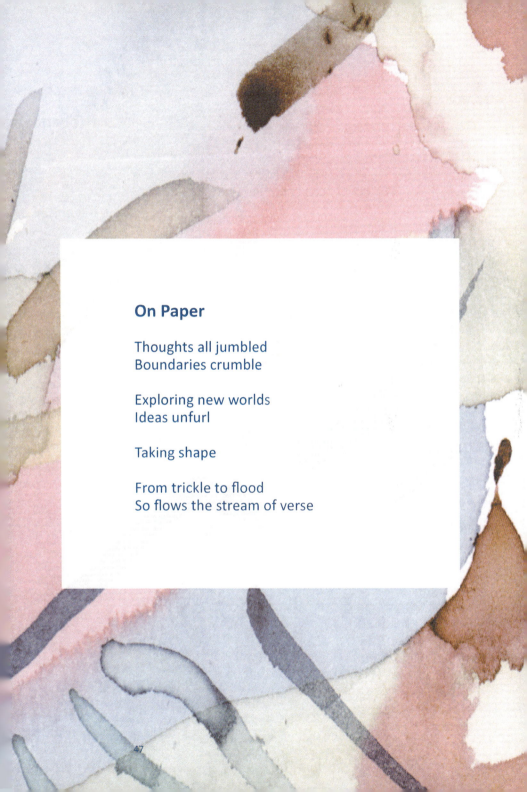

On Paper

Thoughts all jumbled
Boundaries crumble

Exploring new worlds
Ideas unfurl

Taking shape

From trickle to flood
So flows the stream of verse

Sonntagmorgen

Erwachen
Erinnerungsfetzen

Splitterwunde
Herzstich
Geschnürte Brust

Bilderpuzzle
Müde Glieder

Vorhang auf!
Fensterblick
Gedankenverloren

Keine Antwort
Nur eine Vorahnung

Zurück ins Bett!

Sunday Morning

Awakening
Shards of memory

Splintered thoughts
Palpitations
Tight chest

A jigsaw of images
Tired limbs

Curtain open!
Window gazing
Lost in thought

No answers
Just a sense of foreboding

Back to bed!

Auf Flügeln

Stark hältst du meine Hand
Du bist da!

Viel Lieb ist unbeständig
Kann scheitern, brechen
Neue Wege gehen

Deine bleibt!

Bist Vielerlei
Doch einzig und allein für jeden

Nimmst Nichts für immer
Lässt jeden Anfang zu
Vertraust immer
Auch nach Lug und Trug
Selbst nach dem Ende
Bleibst du

Auf Flügeln
Trägst du uns
In deine Welt
Tagein, tagaus und
Durch die Nacht

On Wings

Holding my hand tightly
You are here!

Love is often fickle
It can fail, break down
Stray onto new paths

Yours remains!

So many things to so many people
Yet devoted to each and every one

Knowing nothing lasts forever
You embrace the new
Always trusting
Through lies and deception
Even at the end
You remain

On wings
You carry us
Into your world
Day in, day out and
Throughout the night

Freier Lauf

Ich steh Kopf
Werf alles hin
Schmeiß alles über Bord

Zieh die Segel ein
Lass die Ruder treiben

Bestaun Mond und Sterne
Versunken in meinen höchsten Tiefen
Vom Meer und Luft getragen
Lass ich mir freien Lauf

In meiner eigenen Stille
Auch mittendrin im Tumult
Im Straßengeflecht und Stadtgewirr
Schaukel ich in den Lüften
Tauch unter

Und komme
Immer wieder zurück zu dir!

Adrift

Head spinning
I drop everything
Throw it all overboard

Strike the sails
Let the oars rest

Gaze at the moon and stars
Sunk to my deepest depths
Carried by the sea and the air
I cast myself adrift

In my own calm space
Even amid the turmoil
The tangled maze of city streets
I rock gently in the breeze
Dive down

And always
Come back to you!

Abschied

Worte fliegen
Vergiftete Pfeile
Umeisen mein Herz

Vergeblich dein Zielen

Wärmende Weisen
Erwarten mein Sein

Farewell

Words fly
Poisoned arrows
Harden my heart

In vain, you aim

Soothing charms
Await me

Entzweigehen

Zwischen Zwischenräumen
Zwiespältig zerrissen
Zerstörend ohne Zauber
Sogar Stillschweigend
Nichtssagend
Krise ohne Knall

Klüfte klaffen Krater
Lieblos leere Luft
Zwischen zwei

Wir gehen unsere Wege

Torn Apart

In the spaces in between
Rift runs deeper
Tearing through the magic
Heavy silence
Nothing left to say
Crisis without clamor

Chasms gaping, craters opening
All the love sucked out of the air
Between the two of us

As we go our separate ways

Medusa Turritopsos nutricole und der kleine Fisch

Ich schau durch dich hindurch
Erkenn dich trotzdem nicht
Du unfassbare Räuberin
Es ist schlimm
Kann mich dem Kitzel nicht entziehen
Und dem Pulsieren nicht entfliehen

Selbst den Tod fürchtest du nicht
Jeder Rückstoß bringt dich voran
Wirst du verletzt
Beginnt ein neues Jetzt
Sinkst tief hinab
Steigst jung hinauf
Lässt allen Zeiten ihren Lauf

Deine Tentakeln in der Gischt
Haben mich erwischt
Und lähmen mich
Umwickelst mich in wehende Laken
Auch ohne Haken
Hältst du mich fest bei dir

Lässt dich von der Strömung treiben
Was soll ich mich wehren
Ich muss bleiben
Gleitest lautlos voran
Unergründlich zieh ich mit
Komm nicht los von deinem Bann

Und versink mit dir
In die Tiefe

The Turritopsis Nutricula Medusa and the Little Fish

I see through you
But don't recognise you
Peculiar predator
It's terrifying
Can't escape your tickling tendrils
Your pulsating presence

Unafraid of death
It propels you forwards
Once injured
You start life anew
Sink down deep
Rise up reborn
Letting each life cycle take its course

Your tentacles in the sea spray
Take hold of me
Paralysing me
Swathed in wafting sheets
No chains in sight
But I'm held tight

Carried along by the current
How can I resist
I must stay
You float ahead without a sound
Mysteriously I follow
Spell-bound

And sink with you
Into the depths

Mit der Zeit

In samtenen Hüllen
Vergraben
Flügel der Erinnerung
Verborgen
Vor der Wahrheit Schneide

Vergessen überdunkelt
Die Bühne des Lebens
Spuren verloren
Im Wirbel der Zeit

With Time

Entombed
In velvet shrouds
Wings of memory
Lie hidden
From the blade of truth

Oblivion obscures
The theatre of life
Tracks lost
In the swirling mists of time

Aus dem Programm von PalmArtPress

Michael Lederer *
In the Widdle Wat of Time
ISBN: 978-3-941524-70-5
Lyrik, 188 Seiten, Hardcover, 15,2 x 21,6 cm

Carmen-Francesca Banciu *
Berlin Is My Paris
ISBN: 978-3-941524-66-8
Roman, ca 200 Seiten, Klappenbroschur, Englisch, 12,5 x 21 cm

Manfred Giesler *
Die Gelbe Tapete / The Yellow Wallpaper
ISBN: 978-3-941524-75-0,
Monolog, 68 Seiten, Offene Fadenheftung, Deutsch/Englisch, 10,5 x 14,8 cm

Karl Corino
FALLTÜREN DES HIMMELS
ISBN: 978-3-941524-71-2
Lyrik mit Abb. Rolf Göbler, 100 Seiten, Klappenbroschur, 17 x 21 cm

Ingolf Brökel
zündplättchen
ISBN: 978-3-941524-74-3
Lyrik, 68 Seiten, Hardcover, 12,5 x 18 cm

Reinhard Knodt *
Undinen
ISBN: 978-3-941524-63-7
Kurzgeschichten, 176 Seiten, Klappenbroschur, 12,5 x 21 cm

Otto Hansmann *
Von der Kunst ...
ISBN: 978-3-941524-73-6
Kunstgeschichte mit Abb. Brigitte Henker-Hansmann
ca. 120 Seiten, Klappenbroschur, 12,5 x 18 cm

Alexander de Cadenet
Afterbirth
ISBN: 978-3-941524-59-0
Lyrik mit farb. Abb. 60 Seiten, Klappenbroschur, Englisch, 12,3 x 15,5 cm

Carmen-Francesca Banciu *
Mother's Day - Song of a Sad Mother
ISBN: 978-3-941524-47-7
Roman, 164 Seiten, Klappenbroschur, Englisch, 12,5 x 21 cm

Wolfgang Nieblich
Auf Beton II
ISBN: 978-3-941524-53-8
Street-Art-Dokumentation, 92 Seiten, Hardcover, Deutsch, 14,8 x 21 cm

Runhild Wirth
Komm her! Ich will dich <u>ruinieren</u> / Come Here ! I want to <u>Ruin</u> You
ISBN: 978-3-941524-52-1
Kunstbuch mit Lyrik „Mathias" BAADER Holst, farb. Abb., 100 Seiten
Hardcover, Deutsch/Englisch, 14,8 x 21 cm

Peter Röttscher
Knüppelwege
ISBN: 978-3-941524-50-7
Lyrik mit Abb. W. Nieblich, 100 Seiten, Softcover, 12 x 18,5 cm

Wolfgang Nieblich *
Wahr oder Nicht wahr
ISBN: 978-3-941524-64-4
Erzählungen und Berichte, 296 Seiten, Klappenbroschur, 12 x 18,5 cm

Jörg Rubbert
PARIS - NEW YORK - BERLIN
ISBN: 978-3-941524-58-3
Fotobuch mit Text M. Nungesser, 264 Seiten, Deutsch/Englisch
Klappenbroschur, 24 x 28 cm

Boris Schapiro
DIE DEUTSCHEN RUBAIYAT
ISBN: 978-3-941524-61-3
Lyrik mit farb. Tuschearbeiten: Inge H. Schmidt
100 Seiten, Klappenbroschur, Deutsch 14,8 x 14,8 cm

* *Auch als E-Book erhältlich / Also available as E-Book*

Dorothea Flechsig arbeitete viele Jahre als Journalistin für verschiedene Zeitungen und Magazine. Inzwischen veröffentlichte sie mehrere Romane, vor allem für Kinder. Sie absolvierte eine Ausbildung zur Drehbuchautorin und unterrichtet Erwachsene und Kinder im Kreativen Schreiben.

Dorothea Flechsig worked for many years as a journalist for various newspapers and magazines. Meanwhile she has published several novels, mainly for children. She has trained as a scriptwriter and teaches Creative Writing to adults and children.

Uta Munzinger ist Grafikerin, Malerin und Kunst-therapeutin. Sie lebt in Falkensee auf dem Lande und besitzt einen großen Garten. Mit Vorliebe setzt sie künstlerische Impulse mit Pflanzenfarbe um. Je nach Jahreszeit werden Blätter, Früchte, Beeren, Blüten und Gemüse zu frischer, lebendiger Farbe verarbeitet.

Uta Munzinger is a graphic designer, painter and art therapist. She lives in Falkensee in the countryside and has a big garden. She loves to express her artistic inspiration using plant-based dyes. Depending on the season, she uses leaves, fruits, berries, flowers and vegetables to prepare fresh, vibrant colour.

Erica Stenfalt ist freiberufliche Übersetzerin, die sich in der Kinder- und Jugendliteratur spezialisiert hat. Als Liebhaberin von europäischen Sprachen und Kulturen begeistert sie sich insbesondere für die Übersetzung von Poesie.

Erica Stenfalt is a freelance translator specialising in literature for children and young people. Passionate about European languages and culture, she is especially interested in the translation of poetry.